生活勵志
036

為什麼聰明人會做糊塗事

暢銷心靈作家 何權峰◎著

高寶書版集團

生活勵志 036

為什麼聰明人會做糊塗事

作　　者：何權峰
總 編 輯：林秀禎
編　　輯：陳靜修
出 版 者：英屬維京群島商高寶國際有限公司台灣分公司
Global Group Holdings, Ltd.
聯絡地址：台北市內湖區洲子街88號3樓
網　　址：gobooks.com.tw
電　　話：(02) 2799-2788
電　　傳：出版部(02) 2799-0909　行銷部 (02) 2799-3088
郵政劃撥：19394552
戶　　名：英屬維京群島商高寶國際有限公司台灣分公司
初版日期：2009年1月
發　　行：希代多媒體書版股份有限公司 / Printed in Taiwan

國家圖書館出版品預行編目資料

為什麼聰明人會做糊塗事/ 何權峰　著－－　初版.
－－　臺北市：高寶國際，　2009. 1
面；　公分. —　(生活勵志　；HL036)

ISBN　978-986-185-266-9(平裝)
1. 人生哲學　2. 問題集

191. 9022　　97024729

序文

人生問題其實都很簡單，複雜的是人。

何權峰

如果你出門後發現自己忘了帶車鑰匙，你是忘了，還是記得？

回答：你一定會說，是忘了。

可是如果你沒有「記得」，又怎麼知道自己忘了？

要知道自己是在作夢，就必須先醒來；要知道什麼是錯的，就必須先知道什麼是對的；要知道自己糊塗，就必須先聰明……所以，一個知道自己忘了的人，其實是記得的。

因為一時的迷糊，我們常會忘了一些「本來就知道的事」，不過沒關係，這本書或許可以幫你記起來……從下面這些問題，如果你發現自己曾做或正在做糊塗事，恭喜你，你已經開始變聰明了。

目錄

目錄

目錄

Question 1

問題一

◎如果你不幸掉入火坑，你會把家人和朋友一起拉進去嗎？

回答：

當然不會，自己受苦就夠難過了，怎麼可能把人家一起拉下。

可是有時你對自己要求很高，不也是用這樣的標準要求別人；你對自己不合意的事情，別人不也常不合你意；你不喜歡髒亂，只要有人髒亂你就討厭；你非常要求完美，那如果你的家人和朋友馬虎隨便，你會怎麼樣？你就會看不慣，你會不高興或發飆，對嗎？這不是自己掉入火坑，還把別人一起拉進去？

完美主義就是自己得了「自虐狂」，還想傳染給別人；自己受苦受難還嫌不夠，又硬拉別人也去跳火坑的人。

事實上，這世上沒有一個人是完美的，也沒有一個人能夠是完美的，完美並不存在，因為不管別人或你做得再好，你那顆「完美的心」，總是會讓你覺得不夠完美。

結語

完美本身就是一種缺憾。
事事要求盡善盡美，事事看不順眼。
對自己不合意，別人就會不合你意。

Question 2

問題二

◎如果有一個外科醫師在手術進行當中，把病人叫醒，問他是否感覺好些，你會認為他是個關心病人的好醫生嗎？

回答：

你一定會說，又不是發神經。那哪是關心，根本是不專心！

一個優秀演說家在演講進行時，絕不會停下來，去詢問聽眾對他表現的觀感；一個傑出的歌手在演唱進行時，也絕不會停下來，去質疑樂迷對他演唱的評價；因為他們都知道做好自己比討好別人重要得多。

然而在別人面前你是否常會衡量自己的表現?想要有最好的表現，最重要的就是不要在乎別人的看法。因為**唯有當別人都不存在時，你才能完全融入；當不在意別人時，你才能自由自在。**

每個人都有自己的風格和特色，我們藉此來證明自己的存在。所以，不要做無謂的嚐試，不要試著去迎合任何人。太在意別人的人，遲早會失去自己。

結語

你到哪裡就該把心全然的融入那裡，不要想其他的事；你做什麼事就該全然的投入那件事，不要想其他的人。

Question 3

問題三

◎幾個親友計劃一起出遊，最後是否成行，會由有意願，還是沒有意願的人決定？

回答：

你一定會說，當然是由有意願的人決定。

可是據觀察，事實並不是這樣，人們通常都比較在意「沒意願」的人。

比方，決定要看哪一部電影，如果有人覺得不想看，大家就會放棄或另選一部；說好了聚餐時間，先到的人往往要等遲到的；到了開飯，大家所談論和關心的往往也是沒到的那個人；計劃一起出遊，如果有人時間無法配合，大家就會配合那個人的時間；如果有人沒意願或沒辦法去，計劃甚至還會取消。這不是沒意願的人幫有意願的人決定嗎？

其實，不管友誼或親情，那些愈消極的人往往擁有愈高的主導權；愈不重視的人，反而得到大家的重視，那就是為什麼人們的情感會愈來愈疏離。

結語

太在意「不在意」的人，有意願的人遲早就會變「沒意願」。

Question 4

問題四

◎如果你想讓刀子更順手，你會把刀背都磨利嗎？

回答：

你一定會說，又不是吃飽太閒！

可是，或許自己也做過同樣的事。比如，幫別人忙，恰到好處就好，太過投入，把別人的問題變成了自己的問題；**對人熱情，適可而止就好，熱心過了頭，反而適得其反**；與朋友相處得來就好，試圖強迫別人面面俱到，反而引起衝突和對立，對自己也無益。

你可以回想一下，自己是否有過類似的經驗—提醒朋友問題，但他似乎並不領情；對朋友不斷付出，但是他似乎並不感激；幫別人忙，結果越幫越忙……如果你努力沒有顯著的益處，奉勸你還是省點力吧！

將刀刃磨利是有幫助的，但是連刀背都磨利，不但浪費精力，也毫無意義。何苦呢？

結語

熱心可以，但太過頭就變雞婆。

Question 5

問題五

◎如果要剪斷狗尾巴，你會一次剪斷，還是一次剪一小段？

回答：

當然是一次剪斷，因為分次剪斷，痛苦不但沒減少，還延長痛苦的時間。

然而，我發現有不少人處理事情就常常「一次剪一小段」。比如，東西壞掉、機器故障或房子修繕，怕花大錢，結果挖東牆補西牆，不但效能低、品質差，問題很快又出現；關係已貌合神離，因為怕傷害對方，只好苟延殘喘，結果等到分手的時刻真正來臨，所造成傷害更深；牙齒蛀了，不去理會，拖到最後爛根，要拔牙，還必須植牙或裝假牙，不但花大錢，還得受更多苦；有些病人因為怕手術，到處求醫、找偏方，結果打針、吃藥，折騰了半天，最後還是必須去手術……這叫作賠了夫人又折兵。

說一則故事：有一個財主犯了罪，被帶到縣太爺那裡審問。縣太爺為了證明自己是個清官，提出了三種懲罰的方式讓財主選擇：第一種是罰五十兩銀子，第二種是抽五十皮鞭，第三種是吃五斤的生大蒜。財主既怕花錢又怕挨打，只好選擇了第三種。

在人們的圍觀下，財主開始吃大蒜，「吃大蒜倒不是什麼難事，這是最輕的懲罰了。」當吃下第一顆大蒜時，財主這樣想，可是越往下吃越感到難

Question 5

受，吃完兩斤大蒜的時候，他感覺自己的五臟六腑都在翻騰，像被烈火炙烤著一樣，他流著淚喊道：「我不吃大蒜了，我寧願挨五十皮鞭！」

執法的衙役剝去財主的衣服，把財主按到一條長板凳上，把皮鞭灑上鹽巴和辣椒粉，財主看了膽戰心驚，嚇得渾身發抖。當皮鞭落到財主的背上時，財主像殺豬一樣嚎叫起來，打到第十下的時候，財主忍受不住痛苦地叫道：「青天大老爺啊，可憐可憐我吧！別再打了，罰我五十兩銀子吧！」

想想看，我們在面對痛苦時，是不是也常會用短期的思考和方法，去解決長期的問題呢？

拖延面對痛苦，對痛苦不但沒減少，還延長痛苦的時間。何苦呢？

結語

如果一定要剪斷狗尾巴，分次剪是沒必要的；該解決的問題，就即早面對吧！

Question 6

問題六

◎有個人每天抽一包煙，身體都沒有任何問題，直到二十年後的某一天，突然覺得身體不適，到醫院檢查發現得了肺癌，請問這肺癌是「突然」發生的嗎？

回答：

當然不是，那是日積月累所造成的。

人對緩慢惡化的情況經常後知後覺，甚至不知不覺。像有人突然情緒爆發，多半也是一點一滴累積。那些該說出的話卻沒說，許許多多的誤解及怨恨沒有釋懷等。

「鍋子裡的青蛙」的故事，大家應該聽過，待在鍋子裡的青蛙本來可以跳出來的，為什麼最後會被煮熟呢？因為水溫一開始並不熱，而是慢慢加熱的，直到牠意識到太熱已經來不及了。

很多「突然」發生的問題，其實早就存在，像遭人背叛、身體突然垮下、親友突然不告而別、公司突然宣佈倒

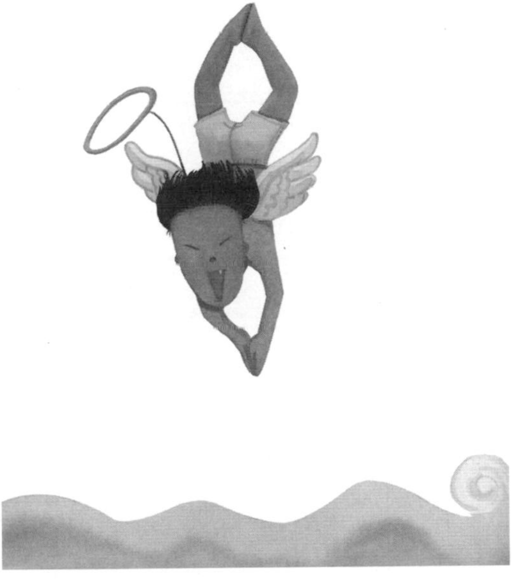

Question 6

閉、突然發現得了重病……其實那都不是突發的，大問題都是小問題累積下來，只是因為在情況不斷惡化時，我們會逐漸適應，就像「鍋子裡的青蛙」在忽視與麻木中，不知不覺被煮熟了。

結語

瞬間的惡化往往不是一夕間造成；突然發生的事也不是突然才發生。

問題七

◎如果地圖上有一座橋，而你到了現地卻沒有，你會懷疑地圖，還是自己？

回答：

這問題的答案是，相信自己的人會懷疑地圖，相信地圖的人就會懷疑自己。

人常有種謬誤，就是太相信地圖——不論是書上讀到的、電視上看過，或聽專家說過的話，很少會提出質疑，往往就照單全收。

有位報社財經版主編，在早餐時告訴他妻子說：「我想最近景氣會轉好，股票看漲。」他妻子回答說：「胡扯！從經濟、政治各方面看來，最近股票一定還會再跌。」

這位主編相信自己的預測，在晚報頭版刊出：「景氣復甦帶動股票看漲。」這篇預測性的新聞稿，完全出自他的手筆。沒想到晚餐時，他的妻子拿起晚報，自承錯誤似的說：「你說對了，報上說股票會漲。」

「報上說的」和「專家說的」永遠比自己更有影響力，這就是為什麼人們常會懷疑自己。

所以，佛陀曾一再提到：「什麼都別相信，無論你在何處讀到，無論是誰說——即使是是我說的——除非它符合你的理智以及你自己的常識。」

Question 7

古語有言：「**得言不可不察。**」即是告訴我們要認真考慮別人的話，但是不必事事都按照別人的話去做。

地圖只是指引方向的參考，路要自己走；光注意路標卻忘了道路的人，很容易就會迷路。

結語

假如地圖與實地不符，那就是地圖錯了。
假如別人說的與你的經驗不符，那就是別人錯了。

Question 8

問題八

◎如果有個房子發生火災，警報器大響，你會去滅火，還是去關掉警報器？

回答：

你一定會說，當然是去滅火，因為把警報器關掉，火還是不會熄滅的。

可是多數人所做的卻正好相反，比方，妻子對婆婆心生不滿，先生不去了解究竟，就否認妻子的感受；親友、同事間有了心結，不當面問清楚，卻刻意轉移話；因某事發生爭端，之後大家都迴避此事……

人們似乎都會避免面對真正的問題，而只是在意瑣碎的小事。聽到抱怨，往往充耳不聞；發生問題，就粉飾太平；遇到紛爭，就息事寧人，這不是關掉警報器，卻不滅火嗎？

有疾病，才會發燒；有怨懟，才會發火；這發燒、發火其實都只是「警報」而已，真正的問題是疾病、是怨懟，許多人不去瞭解問題的真正原因，問題又怎麼可能解決呢？

Question 8

不要把注意放在所見為何上，而要思索為何有所見。是的，只有把火熄滅了，警報器才不會再響。

結語

如果你不先把漏水的地方補好，不管你再怎麼賣力地拖地，地還是不會乾的。

問題九

◎如果你眼睛看不到路，你會去找一個盲人指引你道路嗎？

回答：

當然不會，看不到路的人，要怎麼幫人引路？

可是，我看有很多人就是這樣，會去找「盲人」引路。當人處在失意、不順、迷失，或必須作出重大決定的時刻，會找人求助，那是很自然的事。然而，如果找錯了對象，不但解決不了問題，還可能讓情況更加惡化。

Question 9

比方，你想改善親子關係，就不應該問一個親子關係也不佳的人；你夫妻或婆媳之間相處有問題，就不該請益一個夫妻或婆媳關係很糟的人；你期待在公司裏獲得升遷，就不應該聽信在公司裏已經二十年卻未被升遷的人，告訴你升遷之道。

「瞎子無法幫瞎子帶路」。如果你想減肥，你就不該去找一個胖子拿秘方。

當你要作一些重大決定也一樣。如果你迷失方向，就不應該問一個沒目標理想的人；如果你有夢想，有什麼創見，就不該求助心無大志的人，因為他只會叫

你放棄。

反過來，如果你自己混得不怎麼樣，也請別隨便給人出主意，好嗎？那豈不是禿子叫賣生髮水。

結語

盲人帶領盲人，結果兩個人一起掉到溝裡。

Question 10

問題十

◎如果有個鞋店老闆，只進「適合他的腳」的鞋子，卻希望你跟他買，你會買嗎？

回答：

當然不會，因為合他的腳未必合我的腳，而且他喜歡的樣子未必我就喜歡。

可是，有時我們不也一樣，強迫別人接受自己喜歡的東西。比方，自己想去聚餐，也不問家人意願，就答應一起參加；自己覺得某個學系有前途，就要孩子去念，也不考慮孩子的興趣；覺得某個信仰團體有益，就自作主張帶孩子和伴侶加入；自己覺得某項產品不錯，又開始「強迫推銷」……這跟那鞋店老闆有什麼不同。

或許，有人會說那是因為出於愛，「要是別人，我還懶得理。」但愛一個人，就可以把自己喜歡的強加別人身上嗎？

王爾德說：「**自私，是要求別人按照自己的意思生活。**」他說得對，真正的愛應該以對方為考慮，「這個人需要得到什麼？」而不是

Question 10

「我要給他什麼？」，以自己為出發點，那是自私，不是愛。

如果你不敢吃辣，而有個愛吃辣的餐館老闆，一直推銷你吃麻辣鍋，你會覺得這老闆「很愛你」嗎？

結語

不要要求別人按照自己的意思生活。

問題十一

◎如果你的鞋子壞掉，想丟掉，你會連腳都不要嗎？

回答：

當然不會，因為壞掉的是鞋子，又不是腳。

可是換個情況，有時自己就是這樣。

比方，情人移情別戀，就認為自己沒人愛，被人遺棄；做事不被賞識，就認為自己沒有價值，自暴自棄；搞砸了某件事，就否定自己，認為自己很

Question 12

經有了特定的看法。例如，跟你擦身而過的鄰居或同事，沒跟你打招呼，你就懷疑他是故意視而不見？別人約會遲到，你就懷疑他是不是擺架子？遇到一些倒楣事，看到有人笑，就懷疑人家是幸災樂禍……

但實情真是如此嗎？誰知道？就像有人深夜獨自走到河邊，說不定他只是急著去灑泡尿而已。

結語

不論你的看法多麼客觀，都是來自你的主觀看法。

問題十三

◎有個用桶板做成的木桶，每塊桶板都很高，其中一塊比較低，如果用它來盛水，可以裝滿嗎？

回答：

不行，因為有一塊桶板比較低。

換句話說，水高是由最低那塊桶板來決定——即使其他桶板很高，但桶裡的水最高只能裝到最低那塊桶板的高度。

Question 13

人的高度不也是這樣，每個人的個性、學識、品德、行為、態度就像一塊塊桶板，即使其他表現十分出色，但只要有一樣較低，那麼想「往上爬」就很難。

想想看，你是否覺得自己很有才華，卻總是懷才不遇？是否覺得自己各方面表現都不錯，卻不受賞識？是否已經盡心盡力，卻還遭人挑剔？

如果你有這樣的情況，你就要注意了。那塊「低桶板」很可能是你的糊塗、你的自滿驕傲，或是你的壞脾氣、壞習慣，這些弱點和缺陷如果不改，即使其他各方面有高水準表現，永遠都只是「半桶水」而已。

結語

水能裝多滿要看最低的桶板，人能爬多高要看最壞的德性。惟有努力彌補不足和缺陷，才能更上一層樓。

問題十四

◎如果有個嬰兒在拉尿，你會在他尿到一半時，幫他換尿布嗎？

回答：

誰會那麼蠢？

可是很多人就是這樣，對已經做了的事情，或是已經發生的問題，老愛怪罪或後悔，明知於事無補，還要說「要是當時……」、「早知道就……」。這不是在嬰兒尿到一半時，幫他換尿布嗎？

Question 14

孔子說：「**成事不說，遂事不諫，既往不咎。**」就是在提醒大家「已經成了的事，就不要提了；已經做了的事，就不要去勸了；已然成為過去，就不要再責難了！」

你不可能從煎蛋孵出小雞。既成了事實，那就接受吧！

結語

接受所發生的事，是面對錯誤和不幸的第一步。

問題十五

◎如果賣場有一堆價錢一樣的鞋子，你會選最大雙的，還是選適合自己尺寸的鞋？

回答：

當然選適合自己尺寸的鞋。

可是去賣場買高麗菜，如果每顆的價錢一樣，就算吃不完，你還是會選大顆的，對吧？到五百元「吃到飽」的餐廳，就算已經飽了，但你會想再

Question 15

吃；你的房子住起來剛好，但是你會想換更大的房子……人總是想要更大更多，即使根本不需要。

人們常搞不清楚，什麼是需要，什麼是想要。

「需要」是生理層面的，來自身體；「想要」是心理層面的，來是欲望。當你口渴的時候，你需要喝水；當你肚子餓時，你需要食物，這是需要。但如果你已經吃飽了，你還想再吃，這「想要的」就是欲望。

需要有一個房子，有一張床，可以睡一個好覺並不是一個欲望。欲望是什麼呢？欲望是想要一棟更大的房子，更美的裝潢，更豪華的床，更多人的羨慕，欲望非常複雜，欲望總是想要更多不需要的東西，就像買特大號的鞋子，卻忘了自己的腳。

結語

滿足需求，不要滿足欲求，需要能被滿足，但是想要是無止境的。

Question 16

問題十六

◎如果你到某個國家去旅行，結果那幾天正巧下雨，你會就此判定說那是個多雨的國家，每天都下雨嗎？

回答：

當然不會，那叫作以偏概全。

可是有很多人都常這樣。比方，只因某個投資失敗，便斷定所有投資都很危險；因一次考試考壞了，便認為所有努力都是白費；因為報導某個食物有問題，從此一點都不敢吃。

同樣的情形，我們也常因某人的單一行為，便給人「貼標籤」。因為一次失戀，就認定所有的異性都是負心郎，都是蛇蠍；只因吃一次虧或上一次當，便懷疑全天下的人都是騙子，都不是好東西；只看到某人曾有過某個行為，就說他「每次都這樣」，這不是「一竿子打翻整船的人」嗎？

曾經有一位養雞的農人，他拒絕和所有的教會和教徒打交道，因為他看到教會裡有一些人，口口聲聲仁義道德，實際上言行卻十分惡劣。

有一天，有一個傳道人到他的農場買雞，指著其中一隻又瘦又病又脫毛的雞說：「就這隻！」

「這隻？」農夫一臉困惑：「你為什麼想買這隻呢？牠是所有雞群裡最糟的一隻啊！」

Question 16

傳道人告訴農夫，「我要把這隻雞養在家門前，若是有過路的人問起，就說這隻雞是從你那兒買來的，你養的雞就是這樣！」

「那不是太不公平了嗎？」農夫緊張地說道：「你看，我的雞哪一隻不是雄赳赳氣昂昂地，只有這一隻例外，你怎麼可以拿這隻雞來代表我所有的雞呢？」

傳道人說：「你不也就是這樣看教會和教友的嗎？只因為少數幾個人的作為就否定了所有的人。」

農夫聽了，面紅耳赤，一句話也說不出來。

結語

不要憑著封面去判斷一本書的好壞，

不要單看一集就判定連續劇的結局。

問題十七

◎香花如果不叫香花，它就不香了嗎？

回答：

當然還是香的。

可是有許多人，做事沒得到認同，就龍頭蛇尾；付出沒得到肯定，就意興闌珊；想得到愛，如果沒得到，就變成了恨；想得到某個職位，如果沒得到，積極熱誠就不見；想做某筆生意，如果沒談成，服務態度就大不同……

Question 17

原本的香花就走味了。

香花不叫香花，它就不香，表示它原本就不是香花。一個很關心的人變得不關心，其實他原本就不是真關心；一個好人會變成壞蛋，其實他本來就不是什麼好人。

結語

金子就是金子，即使丟在路邊也不會生銹。

鑽石就算丟在爛泥中也會閃閃發亮。

問題十八

◎如果有個駕駛經常撞車，換一部車還是一樣，你認為應該換掉的是車子，還是駕駛？

回答：

這還用說，當然是換駕駛。

可是長久以來人們卻不斷在「換車子」。每當工作不順，就想換工作；環境適應不好，就想換環境；跟這個女人或男人不合，就想換另一個伴；當

Question 18

老闆或員工不符自己期待，又想換掉……很少人去探討是否是「駕駛」有問題。

有個公司產品銷售一落千丈，經理對售貨員訓斥道：「我已經看夠、聽夠了你們拙劣的工作水準和理由。如果你們無法勝任這項工作，會有人替代你們的。」

接著，他對新雇員——一名退役足球隊員說道：「如果一支足球隊贏不了，會怎麼樣？隊員們都得被撤換掉，不是嗎？」

沉默幾秒鐘後，這名前足球隊員回答道：「實際上，經理，如果整個隊

伍都有問題的話，我們通常只是換個新教練。」

了解了嗎？如果你換了工作、環境、員工，換了男女朋友，問題還是一再出現，那要換的不是車子，而是駕駛—要改變的是你，不是別人。

結語

換車子，無法提升駕駛的技術；
換鏡子，無法改變自己的長相。

Question 19

問題十九

◎你想把衣服洗乾淨，如果用污水去洗，會乾淨嗎？

回答：

洗再多次，也不可能乾淨，而且還可能愈洗愈髒。

可是有很多人卻這樣做，遇到問題，常絞盡腦汁，以為想久了就會「想清楚」；心情不好去處理事情，結果問題沒處理好，還製造更多問題……

其實，當人心情不好時，心思多半是混亂的，混亂的心思會引發負面的想法，想到的都是否定、煩躁的事情，然後心情又更糟、更混亂不安。

我們的身體就像一部洗衣機，心靈是水、是洗潔劑，而所有的問題就像衣服、襪子，如果你的心靈混亂不安，就像用污水去洗衣服，當然會愈洗愈髒。

結語

先處理好心情，才能處理好事情。

Question 20

問題二十

◎如果醫生告訴你，睡前給某人吃安眠藥，結果他已經睡覺了，你會把他搖醒吃藥嗎？

回答：

誰會那麼「白目」？

可是有很多墨守成規，冥頑不靈的人就是這樣，只知道一是一，二是二，忘了數字中間還有小數點；只知道四加一是五，卻不懂變通，三加二也可以等於五……

有個病人對醫生訴苦：「我每天都睡不著覺。」

「你試著數數，一直數到五百，過幾天再來找我。」醫生回答。

再見面時，這人對醫生說：「我努力數到三百，實在睏得不得了，後來喝茶提神，才勉強數到五百。」

Question 20

這不是白目嗎？

所謂：**愚者一成不變，智者通權達變**。因為人會變，事會變，生命一直都在改變，每個情況都不同，如果一成不變，又怎麼行得通呢？

不懂得跟著風向調整帆，將很難順風而行。

結語

山不轉路轉，路不轉水轉。

問題二十一

◎如果你很討厭某個人，而他是賣水果的，你會因此也討厭水果，甚至不吃水果嗎？

回答：

你一定會說，這太扯了吧！

但是偏偏就有人這樣。因為跟某個同學或朋友交惡，從此只要那個人在，他就不在；有人跟某個兄弟姐妹不合，從此家人團聚都不到，甚至連父母慶生也缺席；有人因為討厭某個同事，因而請調別個部門，甚至離開喜歡的工作……這不是討厭賣水果的人，甚至連水果都不吃嗎？

Question 21

有一個男人坐在火車的臥鋪上，他的對面坐著一個帶著野餐籃的傳教士。這男人沒事幹，所以就盯著傳教士看。

過了一會兒，傳教士打開他的野餐籃，拿出一件小餐巾，小心翼翼地蓋在他的膝蓋上，接著拿出一個綠色的碗放在那條餐巾上。然後他又取出一小刀和一顆蘋果，把蘋果切片放進碗裡，然後靠向車窗，把蘋果往窗外倒掉。

接著他又取出一根香蕉，剝掉外皮、切片放進碗裡，然後往窗外倒掉。然後他又取出一個酪梨和一小罐櫻桃，還有一瓶奶油—在一陣細心的準備之後，再度往窗外倒掉。最後他把碗清理乾淨，餐巾拍一拍，將它們放回野餐籃。

那男的看了怔在那裡，後來他開口問：「不好意思，神父，請問你在做什麼？」

那傳教士冷冷地回說他在做水果沙拉。

「可是你卻把它們全部倒掉！」那男的說。

「沒錯，」那傳教士說，「因為我討厭水果沙拉。」

為了殺一隻老鼠，就燒掉整棟房子。這何必呢？

結語

何必讓一個討厭的人，而離開你喜歡的人？
何必讓一個「不重要的人」，成為你生命的重心？

Question 22

問題二十二

◎你把很多乾淨的水倒到爛泥中，最後水就會變清澈嗎？

回答：

當然不會，可能還會更混濁。

有時，你有情有義，但如果和不該扯的人牽扯在一起，只怕會惹得一身腥；

你想把話講清楚，但如果遇到的是不講理的人，只怕有理也說不清；

你想拉人一把，但如果遇到的是自甘墮落的人，還可能把你拖下水。

你被人誤解，你想解釋或辯解，但是如果遇到不明究理的人，只怕會越描越黑。

記住，不管多乾淨的水，倒到爛泥中，最後還是一堆爛泥。

結語

努力要有方向，付出要看對象。

與玫瑰在一起久了，就會有花香；與狗躺在一起的人，就會有跳蚤。

Question 23

問題二十三

◎有些疾病早期沒有任何症狀，你會因為身體沒有任何症狀，就懷疑自己有病嗎？

回答：

你一定會說，哪有人那麼神經質！

可是我看很多人就是那樣，經常用一些實際上不存在的問題來騷擾自己。因為心跳很快，就懷疑自己的心臟出問題；偶爾頭痛幾下，就擔心自己會中風；頭髮掉的比較多，就疑心自己有一天會頭髮脫光……煩惱工作、掛慮孩子、擔心健康、憂愁未來。即使諸事順利、鴻運當頭的時候，也可以擔心，怕好景不常，擔憂那一天噩運就要來臨。

心理學家曾研究統計，我們所煩惱、憂慮的事情當中，百分之四十根本不會發生，百分之三十已經成了既定的事實。另外有百分之十二，是無端對健康產生掛慮。還有百分之十是生活中無關緊要的芝麻小事。這麼結算下來，就只剩百分之八了。換句話說，在我們所擔憂的事當中，有九成以上是杞人憂天。

馬克．吐溫曾有感而發的說：「**在我生命中有很多困擾著我的東西，而實際上它們中的大多數根本就沒發生過。**」

煩惱沒去找你，你又何必自尋煩惱？

Question 23

找一張紙，每當有困擾你的想法和念頭，或是憂愁和煩惱的事情時，就把它們寫下來擺進盒子裡。

然後就不必管它，每到星期五的晚上，再打開盒子。你會發現，那些原本煩惱的事，多半已經不翼而飛，就連必須解決的幾項，也變得簡單多了。

結語

天氣時好時壞，難免會有下雨的時候，但你何必在豔陽高照時就打起雨傘呢？

問題二十四

◎如果你手中的風箏斷了線，你相信只要等久一點，它就會飛回來嗎？

回答：

你一定會說，這怎麼可能？

可是有些人，明知道關係不會有結果，卻不願趁早結束；有些人，想等對方改變，想等對方回心轉意，結果賠上了青春，還弄得心力交瘁。

「等久了就是你的。」這句話曾鼓舞了不少「有心等待」的人，有人因而等到一個較好的工作機會和職位。但是對於「感情」的事，這話就未必適用，因為當一個人心已不在，當感覺沒了，就像斷了線的風箏，你相信它自己會飛回來嗎？

引自《斷背山》得獎編劇賴瑞．麥可莫特瑞的話：「如果你等待，唯一會發生的事就是你會變老。」

等待如果不能增值，那就只會貶值而已，勸你還是趁早放手吧！

你沒聽過這歌詞嗎？**等待幸福的人，過得往往都不怎麼幸福**。

結語

強摘的水果不會甜；

一顆爛的果子，即使讓你摘到吃到嘴裡也不好吃。

問題二十五

◎如果有個人很喜歡吃雞肉，你會認為他很愛雞嗎？

回答：

當然不會，因為喜歡並不等於愛。

你喜歡有人關心你、重視你、讚美你，但是當那個人說你不好，他批評你，否定你，你就會開始敵視他、厭惡他，這是愛嗎？

有人對你很好，對你很關心和體貼，他常送你禮物，還拿錢給你花，所

Question 25

以你很愛他，但當他不再送你禮物，不給你錢花，不再體貼你，對你不再關心，你就抱怨、怨恨，對他恨之入骨，你能說你愛他嗎？

不，你愛的其實不是對方，而是自己。

在猶太民族有一則廣為流傳的故事。一名少年坐在那裡，吃著剛煮好的雞。他轉身向他的老師說：「我真愛雞！」

老師笑著回答：「如果你真心愛雞，你就會關心照顧他們，而非殺掉又

吃掉牠們。你愛的其實是自己,是雞為你帶來的好處。」

明白了嗎?當對方不再給你好處,不再符合你的期待,如果你會從喜歡變厭惡,由愛變恨,你愛的人並不是對方,而是自己。

結語

很愛吃雞肉,不代表很愛雞。

Question 26

問題二十六

◎如果有隻動物，牠的眼神像狼，動作像狼，叫聲也像狼，你會認為牠是羊嗎？

回答：

你一定會說，又不是瞎了！

可是，有不少人就是這麼「瞎」。

有些事，一看就知道是場騙局，但有人就會上當；有些話，一聽就知道是假的，卻有人會當真；有些人，明明是虛情假意，但就是有人會相信。

人會相信什麼謊言，都跟其內心深處的需求有關。比方，人的內心深處都懷抱著一份理想的愛情憧憬，所以一旦認定自己終於找到真命天子或天女，即使對方說一套做一套，但他們會自己騙自己，也不在乎對方根本言行不一。

有些父母養的分明是不肖子，但他們卻可以睜一眼閉一眼，還能讚譽有加；有些人更扯，竟然會相信有人會免費把大獎或白花花的銀子送上門

來，結果受騙上當也就不足為奇。

我們也常看到這種情況發生在一些熱衷的信徒以及政客的支持者身上，人們怕希望破滅，而寧願選擇「變瞎變聾」，所以不論他們所相信的教主或政客犯了什麼麼錯，即使已經罪證確鑿，他們仍繼續沉迷於希望的假象。

結語

如果有隻動物，牠的眼神像狼，動作像狼，叫聲也像狼，那牠就是一匹狼。

問題二十七

◎你喜歡跟很聰明的人在一起，還是跟讓你覺得自己很聰明的人在一起？

回答：

當然是跟讓我覺得自己很聰明的人，誰喜歡在別人面前顯得無知。

可是你注意到，有時自己不也是這樣，常會迫不及待的想表現自己，想展現自己的聰明才智，想告訴別人你所知道以及對方不知道的事，不是嗎？

Question 27

人的天性就是得到別人的肯定。你希望別人讚賞你，覺得你很棒，但你是否想過，別人也跟你一樣，他們也有相同的需求和渴望？

英國有一位名淑媛有一晚赴宴時和著名的政治家威廉·葛雷斯東同席，隔日在另一場宴會上剛好又坐在葛雷斯東的對手班傑明·狄斯瑞利旁邊。後來有人問她對他們兩位政治人物的看法如何，她答道：

「坐在葛雷斯東旁邊，讓我覺得他是全英國最聰明的人，而坐在狄斯瑞利旁邊，卻令我感覺自己是全英國最聰明的女人。」

你想這位名淑媛會對誰比較有好感？當然是狄斯瑞利。

激勵大師拿破崙·希爾說過，人類本性最根本的需要就是渴望得到他人的欣賞。即使是用最普通、最平常的語言誇獎別人，對別人來說，意義卻非同凡響，它可以令人愉悅，使人振奮，甚至可以因為這句話而改變一生。

沒錯，只要你能滿足別人的優越感，別人一定會喜歡你，因為沒有人會討厭喜歡自己的人。

結語

比別人聰明，但要讓別人覺得他比你聰明，才是真正的聰明。

Question 28

問題二十八

◎你會因為落葉太多，就砍倒讓你遮陽的大樹嗎？

回答：

當然不會，那豈不是因小失大。

然而，許多人就常做出類似的蠢事。比如，不認同老師的教學，便與老師交惡；不滿愛挑剔的顧客或客戶，與之衝突；不服父母的管教，因而斷絕往來；與上司發生口角，導致關係決裂……。

每個人都有缺點和毛病，就像大樹總會有落葉一樣，你永遠不可能掃乾淨的；我們應該放大格局，擴大胸襟去包容異己，這樣人生的道路才會越走越寬闊。

何必為了一些落葉，就砍倒可以為自己遮陽的大樹呢？

結語

砍倒大樹，不但會有更多枯枝落葉，而且還可能壓到自己。

Question 29

問題二十九

◎如果有人送你一箱水果，你發現其中有一半已經爛了，你會先吃爛的，還是先吃好的？

回答：

會先吃爛的。如果從好的先吃，可能只能吃到半箱，因為吃剩一半，另一半大概也不能吃了。

可是如果從爛的開始吃，即使可以吃到整箱，但整箱都可能是爛的，因為等壞的都吃完了，好的也變成壞的。

不懂得取捨，這是多數人的問題。

比方，吃不完的剩菜飯，捨不得丟棄，結果不但食物走味，沒營養，還可能有損健康；讓一堆不合用的東西和衣物，佔據了原本就擁擠的空間，還要費時費心收拾整理；窮於應付一些不喜歡的人，卻忽略了喜歡的人……這些不都是選擇吃整箱爛水果嗎？

結語

放棄不要的，才能擁有真正想要的。

Question 30

問題三十

◎如果有人在你面前罵人，但他罵的「不是你」，你會很生氣，甚至回罵他嗎？

回答：

當然不會，又不是在罵我，有什麼好氣的。

可是每次有人在你面前說一些是非，你為什麼生氣？難道他說的「是你」嗎？

有一個頑皮的小學生在一間漫畫店看漫畫，突然一個中年婦人在街上大喊：「小明，你這兔崽子，還不回家，還在鬼混，被老娘捉到，你就死定了。」

只見此小學生漫畫一丟，狂奔一丟，跑了大概五十公尺，才氣喘噓噓地說：「咦，我為什麼要逃跑呢？我又不是小明。」

有人罵你，如果他說的真的，你沒資格生氣，因為他說得沒錯；如果他說的是錯的，你何必生氣，他又不是在罵你。

某個人辱罵了佛陀，他的弟子阿難（Andana）問他：「我氣炸了，你卻無動於衷，你至少給我說話的機會，好讓我糾正他。」

佛陀說：「你真是讓我驚訝，先是他讓我驚訝，現在是你讓我驚訝。他所說的話一點意義都沒有，那與我們無關，何需參與呢？但你更讓我驚

Question 30

訝，你被惹惱了，這是很傻的，為了別人的錯誤而懲罰自己是愚蠢的，何必呢？」

我們的每個言行都在定義自己，別人的言行並不會定義我們是什麼樣的人，只會定義他自己是什麼樣的人。他對你說三道四，你不隨之起舞，誰是不三不四，昭然若揭。他說你邪惡，你一笑置之，誰是邪惡，不辯自明。

結語

如果你臉是白的，別人卻說成黑的，你的臉會變黑嗎？

問題三十一

◎如果你買到一頂帽子，跟你的頭型很合，你會因為很喜歡它，從此就不拿下來嗎？

回答：

當然不會，否則它就成了扣住頭的金箍。

可是有許多人對自己認同的觀點，似乎都有類似的情況，就像被金箍扣住一樣，一旦認定了某個想法，思想就被框住，頭腦就變得僵化而毫無彈

Question 31

性。

如果你觀察周遭的人，就會發現大多數的人，對事物都早有預設立場。所謂的溝通，也只是說服別人相信自己的觀點。因此常會有各執己見，爭鋒相對，也就不足為奇。

你曾思考過嗎？你為什麼跟人爭辯？若不是你那麼堅持自己是對的，你又怎麼會跟人吵起來？你一定是認為對方是錯的，要不就是對方認為你是錯的，這就是你們爭吵的原因，對嗎？

如果你告訴某個人說：「你所說的是錯的。」他一定不會覺得「他說的」是錯的，他會覺得「他」是錯。即使你說：「如果你不同意我的想法，那也沒問題。」但他還是會去爭論，因為否定他的觀點就是否定他，這就是錯把帽子當成頭。

思想是帽子，不是頭。再喜歡的帽子也可以拿下來，否則他就成了扣住頭的金箍咒。

結語

不要把帽子戴在頭上就拿不下來；
不要拿自己的帽子扣到別人頭上。

Question 32

問題三十二

◎你有一只手錶，可以知道現在的時間，如果你有兩只或兩只以上的手錶，可以知道更準確的時間嗎？

回答：

不行，因為你不知道該相信哪只錶。

許多人或企業作決策時，常急於尋找外部的建議和諮詢，而且總覺得尋找的諮詢人士越多，就越能作出正確的決策。然而，當各種意見相左時，就像多餘的手錶一樣，反而容易使我們難以作出正確的決策。

所以，對一個企業來說，同一個單位不能同時採用兩種不同的管理，不能同時設置兩個不同的目標，否則員工將無所適從。此外，權責也必須劃分清楚，否則也會造成類似「雙頭馬車」或「多頭馬車」的情況。

至於個人也一樣，不能由兩個以上的人來指揮，否則將使他無所適從；不能

Question 32

同時接受兩種不同的價值觀，否則將讓人陷於困惑或混亂。

有對夫妻感情不睦者找人指點，如果一個說「所有夫妻都這樣，多忍耐點」，另一個說「既然這樣，乾脆離婚吧。」該聽誰的？

擁有兩只或兩只以上的手錶並不能提供更準確的時間，反而會讓人更難作出正確的決定。

結語

當你無所適從，不知該聽誰的，就聽自己的吧！

問題三十三

◎如果你的隊伍想贏得跳高，你會找一個能跳七呎高的人，還是找七個只能跳一呎高的人？

回答：

想也知道，當然是找能跳七呎高的人。

可是情況似乎不是這樣，許多業主在擴大規模、選擇合作對象時，往往不是選擇自己最需要的人，而是最需要自己的；不是選擇能夠為自己、為公司帶來最大利益的人，而是選擇自己最喜歡的人，結果用的都是「跳一呎高的人」。

平庸的人往往選擇跟平庸的人為伍，雖然他們也想更上一層樓，但是他們卻不喜歡跟比自己強的人在一起，而人越是與更低的人在一起，就會降得更低，然後格調和格局就變得更低。

在公司和行政部門也一樣，許多主管和官員怕太傑出的部屬會彰顯他的無能，甚至對自己構成威脅，所以他們往往偏愛平庸的助手，而這些助手同樣偏愛找比自己更無能的助手，依此類推，很快就形成人事浮濫、效率不張、相互推托的現象。

Question 33

奧美廣告的創始人大衛．奧格威在一次董事會上，他事先在每個主管的桌前放了一個俄羅斯娃娃。「那就是你們，」他說，「請打開看看。」

當他們打開娃娃時，驚奇地發現裡面還有一個小一號的娃娃；打開它，裡面還有一個更小的……最後一個娃娃裡面放著一張奧格威寫的字條：

「如果你永遠都採用比你小的人（不如你的人），我們的公司將淪為侏儒公司。相反，如果你用的人都超過你，我們的公司將成長為巨人公司。」

兩個數字相乘可以擴大倍增，兩個數字相除就會愈變愈小。

因此，當我們要評價一個主管是否傑出，不僅要看他本身的才幹，還要看他所帶領的部屬是否人才輩出；要評價一個人是否優秀，不僅要看他本身的能力，還要看他結識的人是否優秀。

結語

要怎麼樣才能贏得成功：

一、為成功的人工作。

二、與成功的人合作。

三、多聘請成功的人。

Question 34

問題三十四

◎球不是用皮做的，可以叫「皮球」嗎？

回答：

可以。

就像有些皮椅，不是真皮做的，也叫「皮椅」；不是彰化生產的肉丸，很多店也叫「彰化肉丸」；打著「吳神父」腳底按摩的招牌，也不是吳神父來幫你按摩。

許多人習慣從招牌、頭銜、名號或品牌來判定人事物價值，所以常發生「認知落差」。因為產品不等於商品，商品是經過包裝的；「代言人」也不等於「代言商品」，因為人也是包裝出來的。

一個家長帶著他的寶貝兒子去補習班報名學英文，千挑萬選選到了「何嘉仁」美語。等上課之後家長才發現並不是何嘉仁「本尊」上課，便氣沖沖的帶著孩子到補習班服務台罵：「何嘉仁美語，為什麼不是何嘉仁來教?!」只見那櫃台的美眉回他一句話：「難道長頸鹿美語，就要長頸鹿來教嗎？」

沒錯，球不是用皮做的，也可以叫「皮球」。

結語

選東西要看品質，看人要看品性。

Question 35

問題三十五

◎你到外地買了個一百元的東西，發現買錯了，你會花二百元的車費去換嗎？

回答：

當然不會，這叫作得不償失！

可是，類似的情況卻一再發生。很多人喜歡買廉價的東西，品質不好又常故障，修理的費用都超過購買的錢；東西吃不完，又捨不得丟，結果冰了一陣子，最後還是丟了；明知投資錯誤，又不願認賠，拖到最後，反而虧損更大。

還有人更蠢，錯愛了人，卻不可自拔，甚至不惜玉石俱焚；明知道人家沒意願，還死纏爛打，結果朋友沒當成（或生意沒做成），還被列入拒絕往來戶；為了賺錢，而忽視了健康，等到病倒了，再花大筆的錢換健康，這些不都是做了花二百元去換一百元的傻事嗎？

結語

看事情，不能光看眼前，還要看以後；
做事情，不能光想能得到什麼，還要想會失去什麼。
千萬不要撿了葡萄卻掉了西瓜。

Question 36

問題三十六

◎有一棵樹上結滿了果實和一棵枯樹，你會拿石頭去丟哪一棵？

回答：

當然是結滿果實那棵。

一個成果豐碩、有成就的人，會遭妒嫉，受人攻擊是很自然，也很平常的事。

他們會攻擊是因為你可能已經威脅到他們的存在和價值。換言之，會對你惡言相向，或在背後說你壞話的人，是對你的存在有著很高的評價和肯定。

敵意是因為恐懼所引發的，壞話則是針對有威脅感的人說的。別人對你的批評和攻擊是極為可貴的，可以顯示出你正處於什麼地位。

大哲學家安提斯特納斯說過：「做偉大事業的人，常會有人在背後說壞話。尤其是首屈一指的人更甚之。」

人們不會去理會貧瘠的樹木，只有那些掛滿豐盛果實的樹木，才有人用石子丟，不是嗎？

結語

如果有人對你「丟石頭」，那就表示你已經有所成就。

Question 37

問題三十七

◎如果拳王阿里去找老虎伍茲較量高爾夫球，你認為他的勝算有多少？

回答：

答案是零。因為他擅長的是拳擊，不是高爾夫球。

每個人都有所長，也有所短。短跑的高手，不見得能長跑。馬拉松的健將，參加百米賽可能不堪一擊；會登山的不見得會潛水，大樂團的指揮不見得會指揮交通，每個人天賦不同，是不能拿來一起比較的。

一位猶太裔作家，帶著兒子，經過紐約的中國城；他們看到一個賣油麵的小小攤子的生意很好，就駐足圍觀。只見賣麵的中國小販將油麵放進燙麵的竹撈子裡，一把塞一個，僅在剎那間，就塞了幾把，然後他將疊成長串的竹撈子放進鍋裡燙。

接著，小販又以迅雷不及掩耳的速度，將十幾個碗一字排開，加進佐料、鹽、味精等等；隨後他撈麵加湯，做好十幾碗麵，前後竟然用不到五分鐘，並且還邊煮邊與顧客招呼聊天。

這個猶太裔作家與孩子兩人，看得目瞪口呆。

當他們離開麵攤時，孩子突然抬起頭來說：「爸爸，我猜如果你和賣麵的比賽賣麵的話，你一定會輸的！」

對於孩子突如其來的話，作家淡淡一笑，並且立即承認，自己比賽賣麵

Question 37

的話，是一定會輸給麵攤小販的。作家說：「不只會輸，而且會輸得很慘；我在這個世界上是會輸給很多人的。」

後來，他們走到豆漿店裡，看著夥計揉麵粉做油條，看油條在鍋子裡脹大而充滿神奇的過程，作家就對孩子說：「爸爸比不上做油條的人。」

接著，他們逛到了餃子館，看到一個夥計如同變魔術一般，動作純熟輕巧，雙手一捏，個個餃子大小如一，晶瑩剔透，作家又對孩子說：「爸爸比不上包餃子的人。」

有人在某方面比你強，並不代表你就是弱的、差勁的，但是如果我們一味的想去跟那個強的比那會怎麼樣？你當然會不快樂，就好像拳王阿里去找老虎伍茲較量高爾夫球一樣，當然會自慚形穢，覺得矮人一截。

結語

你是你，他是他，別人是別人，要怎麼去比？

Question 38

問題三十八

◎如果貝多芬努力去模仿莫札特，可能變成莫札特嗎？

回答：

就算模仿的再像，也不可能成為莫札特，他充其量也只是一個模仿者而已。

樹上有一隻毛毛蟲，牠看到地上的蚯蚓擁有細膩的皮膚，覺得很羨慕，於是就開始拔身上的毛，拔呀拔……拔呀拔，拔到最後，看見自己一身光滑細膩的肌膚，覺得很滿意！

正當自我陶醉的時候，牠突然被推下樹來，只見牠的同伴很生氣的對牠說：

「你這隻肥蚯蚓！不要以為爬上樹來就可以偽裝成毛毛蟲！」

做一個不是自己的人，永遠都不可能做好，即使做好了那也不是自己了，不是嗎？

每個生命的誕生，都有他天賦的使命；每一個樣子，都有他的特色。為什麼不能接受你本然的樣子呢？你的不完美、你的錯誤、你的脆弱和你的長相，那都是你啊！為什麼不大方地接受？

猶太法典說：「**如果你不做自己，那麼要叫誰來做你呢？**」別人不可能成為你，你也不可能成為別人，你只能做好你自己，沒有人能做一個更好的

Question 38

你，別人再努力也沒用，因為當你學到像別人，你也失去了自己。
如果貝多芬去模仿莫札特，就不會有貝多芬。

結語

作你自己，有誰有比你更有資格呢？

問題三十九

◎如果你買到一雙太小的鞋，你會把腳削短來適應鞋嗎?

回答：

當然不會，這叫削足適履。

一個工作是否如自己所願、是否有利於自己的發展，一個朋友是否可以交心，一個對象是否可以讓自己託付終生，就像鞋子合不合腳，自己其實最清楚。

Question 39

鞋子每天都要穿，如果鞋子的尺寸不可能改變，為什麼要勉強自己「削足適履」？

你可以換一雙新鞋啊！

結語

一雙鞋永遠無法讓所有的人都合腳。

問題四十

◎蘋果為什麼會掉下來，而不是往上掉？

回答：

你一定知道是「萬有引力」。

可是在牛頓之前，有太多的人看到蘋果掉到地上，為什麼沒有人發現呢？因為大家都覺得想當然爾，從沒有人去想，「蘋果為什麼會掉下來，而不是往上掉？」但牛頓跳出了習慣的思考框框，因而發現了萬有引力。

Question 40

心理學家威廉・詹姆士說過：「**天才，不過是以非習慣的方式看待事物的能力**。」然而這卻是一般人最欠缺的，我們都應該學習「反轉腦」用不同的方式來思考問題。

比方，從前你會想：「我要怎樣賣出我的東西？」現在你不妨這樣想：「要怎麼做別人才會來買我的東西？」或是「要怎麼做別人就會需要我的東西？」當你這樣想時，你就由「賣者的角度」變成以「買者的角度」來思考問題。

從前你會問：「我們要如何讓員工（或學生）學到更多的東西？」現在你不妨這樣問：「他們如何才能學到他們必須知道的東西？」或是「如何讓他們想學到更多的東西？」當你這樣問時，你就由「如何教育訓練」變成「如何讓他們主動學習」。

從前你習慣說：「我沒辦法」，現在不妨改說：「我要怎樣才有辦法呢？」這兩句話，一句是讓你放棄，而另一句則會讓你找出解決的辦法，是不是差別很大呢？

結語

你知道的別人都已經知道，你會想的別人也早已經想過，那你跟別人有什麼不同？

Question 41

問題四十一

◎你一個小時值多少錢？

回答：

答案是，你認為自己值多少錢就值多少。

讓我們看這則故事。

有個年輕人向禪師求教：「大師，有人誇讚我是個天才，將來必有一番作為，也有人說我是笨蛋，一輩子也不會有出息，依您看呢？」

「你是如何看自己的？」禪師反問。

年輕人搖了搖頭，一臉茫然。

「譬如同樣一斤米，用不同眼光去看，它的價值也就迥然不同。在主婦眼中，它不過能做兩三碗米飯而已；在農民看來，它最多值一塊錢；在賣粽子的人眼裡，包成粽子後，它可以賣三塊錢；在做味精的人眼中，它可以提煉出味精，賣出五塊錢；在製餅的人手中，做成餅乾和零嘴後，可以賣八塊錢；在製造酒商看來，釀成酒後，它可以賣出三十塊錢。」

「這米還是同樣一斤米。」大師頓了頓，接著說：「同樣一個人，有人將你抬得很高，有人把你貶得很低，其實，你就是你。你究竟有多大出息，取決於你到底怎樣看待自己。」年輕人聽完後，豁然開朗。

一塊廢鐵，只能賣十元。

Question 41

如果做成一堆鐵釘，可以賣一百元。

如果製作成幾組玩具，可以賣一千元。

如果製作成幾對高級手錶，就價值上萬元。

你可以把自己當廢五金，也可以當作精品。一個人的價值，來自他對自己的評價（self-judgment），如果你覺得自己一小時只值二百元，你就不可能創造一小時五百元的行情，也無法獲得這個價錢。

許多老闆就是以你自認的價錢買下你，再用你真正值得的價錢把你賣掉，這樣就可以大賺一筆錢，因為大家總是賤賣自己。

結語

看輕自己的人，別人也很難看重。

問題四十二

◎公司裡面，有個人既不是最聰明，能力也不是最好，卻可以領最多錢，你猜他是誰？

回答：

沒錯，他就是老闆。

老闆不必是最聰明，只要會用比自己聰明的人；老闆不必是最能幹，只要會用比自己能幹的人。

Question 42

說一則故事：有個人去買鸚鵡，看到一隻鸚鵡前標：此鸚鵡會兩國語言，售價二百元。另一隻鸚鵡則標示：此鸚鵡會四國語言，售價四百元。

該買哪隻呢？兩隻都毛色光鮮，非常靈活可愛。這人轉啊轉，拿不定主意。

結果突然發現一隻老掉了牙的鸚鵡，毛色暗淡散亂，標價八百元。這人趕緊將老闆叫來：「這隻鸚鵡是不是會說八國語言？」

店主說：「不。這人奇怪了：那為什麼又老又醜，又沒有能力，會值這

個價錢呢？」

店主回答：「因為另外兩隻鸚鵡叫這隻鸚鵡老闆。」

鋼鐵大王卡內基曾預先寫好自己的墓誌銘：「長眠於此的人懂得在他的事業過程中起用比他自己更優秀的人。」

是的，會用比自己更厲害的人，就是厲害的老闆。

結語

什麼是傑出的領導人？就是領導傑出的人。

Question 43

問題四十三

◎如果讓你去看一場電影，隔天又去看同一場電影，第三天又去看，每天看同一部戲，你還會想再看嗎？

回答：

當然不會。

然而，這卻是人們一直在做的事——重複看著演了又演的戲。每天都是同樣的老套——說同樣的話，做同樣的事，走同樣的路，點同樣的菜，喝同樣的飲料，看同樣的節目，上演同樣的戲……日子都是一樣，只是改個日期而已。

許多人對周遭的人事物變得沒有熱情，索然無味。那是一定的，每天都是同樣的內容，不乏味才怪！

試想，當某一天早上醒來，你忽然領悟到今天所要面對的工作和生活無異於昨天時，那今天對你來說，又有什麼意義呢？

結語

改變一下自己，做一些以前沒做過或不敢做的事，過過不同的生活。

Question 44

問題四十四

◎如果你沒有養狗，現在有狗飼料促銷活動，超划算的，你會因為便宜，就買嗎？

回答：

當然不會，買來要給誰吃啊！

可是同樣的情況下換個東西，自己或許就做類似的事。因為促銷商品便宜，就大肆採購，也不管是否吃得完或用得上；百貨公司卡友兌換商品，因為是免費，就算「不實用」也去兌換；因為手機網內互打便宜，就說個不完……。

在一個屋子裡，電話鈴突然響起，那是清晨二點鐘，主人在睡夢中起來，他非常生氣，對著電話筒喊說：「你有什麼事？」

電話另一端的人說：「沒事！」

主人聽了更生氣，他說：「那你為什麼深更半夜打電話給我？」

那個人說：「因為夜間的電話比較便宜！」

許多人總認為「只要便宜就好」，卻很少思考過什麼是昂貴？什麼是便宜？價錢必須是依據價值來衡量，像一些快過期的商品，吃多對身體不好的食品，還有用不到或不實用的物品，這些「沒價值」的東西，即使再便宜也

Question 44

是貴的。就像沒有養狗的人，要買狗飼料做什麼？

此外，還有些人更扯，他們是「先買狗飼料，再買狗」。

因為折扣「撿便宜」買了個傢俱，結果跟家裡的風格不合，只好換掉其他的傢俱；因為特價「超划算」買了雙鞋，結果為了搭配鞋子，又去挑褲子和裙子，挑到之後，發現好像衣服又不搭……這不是先買狗飼料，再去買一隻狗嗎？

結語

買不需要的東西，即使再便宜也是貴的。

問題四十五

◎如果豔陽高照，你會點蠟燭來增加它的光亮嗎？

回答：

當然不會，多點幾盞蠟燭也無法增加太陽的光亮。

可是人們為了證明自己，就常會做一些「點蠟燭」的事。比方，為了顯示自己的能力，刻意想表現；為了顯現自己的博學，就刻意展現學問；為了彰顯自己富有，就裝闊氣。

Question 45

有個人曾問過一位泊車侍者，為什麼那些有錢大老闆給起小費來，總是很小氣，反而一些窮光蛋給起小費，總是出手大方？

他答道：「先生，我想那些富人不想讓別人知道他有錢；而窮人呢，也不想讓別人知道他沒錢。」

他說得對，**人們刻意表現的往往是他們覺得欠缺的部份**。

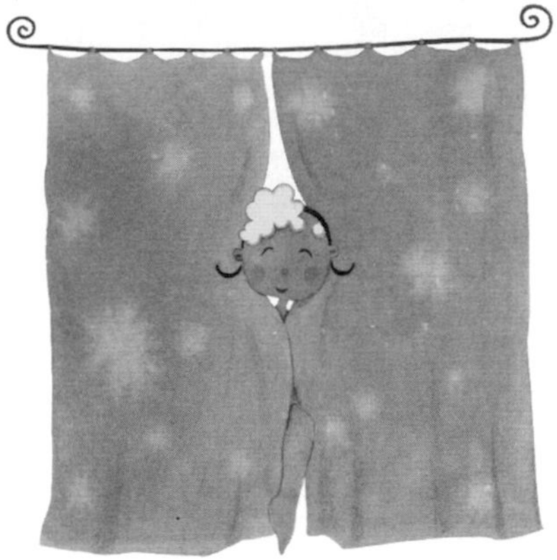

哲學家叔本華說過：「無論一個人誇耀的是勇氣、學問、智力、機智、贏得別人的歡心、財富、社會地位，或者其他所可能誇耀的什麼東西，你都

可以從他的誇耀中獲知，他正是缺乏他所誇耀的東西。」

試想，如果你很有名，你需要到處宣傳嗎?如果你很有內涵，你需要到處表現嗎?如事實擺在眼前，你需要說服別人相信嗎?

如果你是太陽，你根本不需要再多點蠟燭來增加光亮。

結語

一個愈是強調自己長處的人，就愈會暴露出自己的短處。

Question 46

問題四十六

◎如果有部電影的預告很難看，你會很想去看，並期待劇情精彩嗎？

回答：

當然不會。

可是據觀察發現，許多人最常去想的卻是「不想看到」的事。比方，怕胖的人最常想的是什麼？是「不要變胖」，對嗎？怕事情進展的不順利的人，腦子想的是「千萬別發生狀況」；怕失敗的人心裡最常想的是「失敗怎麼辦」……結果他們往往看到「不想看到」的事。

失敗的最大前兆即是預測可能會失敗。試想，當你參加某個比賽從頭到尾都擔心會輸，你腦海中所泛起的鮮明意念，就是「會輸」，你又怎麼可能贏呢？

演說家丹尼華特在解釋成與敗的差別時，曾舉過一個例子。他說一個成功橄欖球員在排隊踢三分球的時候，他心裡想的事：「只要我踢進這球，我們就可以擠進超級盃，還可以加薪。」相反地，失敗的球員踢球的時候想的是：「如果我漏了這個球就完蛋了。」

這就是成與敗的差別所在。華特利博士說，**成功者心裡想的是他要的東西，而失敗的人心裡想的是他不要的東西，結果他們都得到了。**如同選了一部預告很難看的電影，劇情當然不會太好。

Question 46

人生的預告其實就是我們的思想，當人「去想」也就是預期，去預告，不管這想法是有意識的，還是無意識的，我們預期的想法大部分都會成真，這即是心理學上說的「自我實踐的預言」。如果你總是想最糟的，你就可能碰到最糟的，那就是為什麼烏鴉嘴會特別靈驗。

紀伯倫說：「**在體會到喜悅與悲傷前，我們早已選好要喜要悲。**」你想自己的人生是喜劇，還是悲劇？其實在看到之前你就已經預告了。

結語

常期待好運，就會帶來好運；
擔心厄運，經常會遇上厄運。

問題四十七

◎如果法國最大的博物館羅浮宮失火了，情況緊急，只能搶救出一幅畫，你會搶救哪一幅畫？

回答：

答案是「搶離出口最近的那一幅畫。」

這是法國一家報紙舉行的有獎徵答所出題目，該報收到成千上萬的問卷答案，眾說紛紜，絕大多數人都認為應該去搶救他們各自認為最有價值的名

Question 47

畫。結果，法國名作家貝爾納以最佳答案獲得該題的獎金。他說：「我會搶離出口最近的那一幅畫。」

人想得到成功，最重要的，不是追求最有價值的那個，而是最有可能實現的那個；要找到最好的伴侶，不是找最優秀那一個，而是要找最適合的那個；要找到最佳職位，並不是最高的那個職位，而是要找最適合的職位。

所以，當你在選擇自己職場位置時，不要問這職位可以為我帶來多少財富、地位、名望，而應該問問，哪個職位可以充分地發揮自己的才能，能夠最大限度地實現自我嗎？

在選擇伴侶時，不要光看對方有什麼條件和優點，而應該想的是，是否能接受他的缺點，是否能長久在一起；在決定人生目標時，不要太遠大而遙不可及，應該先從一些小目標，從最可能實現的開始。

成功的最佳目標不是最有價值的名畫，而是離出口最近的那一幅畫。

結語

最重要的，就是不要去看遠方模糊的，而要做手邊最具體的事情。

Question 48

問題四十八

◎如果你沒吃過某種料理，只要多看幾本菜單或食譜就能了解它的滋味嗎？

回答：

當然不能。無論你怎麼研究檸檬的分子結構，如果你不吃，你就永遠不知道檸檬是什麼滋味。

菜單不等於點餐，你可以讀菜單，或一直跟人談論菜色，但除非你去吃。如果你曾經嚐過，那麼你就會知道那個滋味，如果你不曾經嚐過，那麼別人也沒有辦法將它轉達給你知道。

你不可能光看別人談戀愛就體會戀愛的滋味；也不可能光聽別人敘述游泳就學會游泳。最重要的是，你要去嘗試看看。

有則笑話說：有個聰明人很喜歡讀書。他讀遍所有哲學書籍，結果變成哲學家；他讀遍所有數學書籍，結果也變成數學家；然後他讀完游泳的書後，卻淹死了。

紙上談兵地談游泳與實際跳下水，是截然不同的兩碼事。小說家紀德說：「在書上讀到海灘上的沙土多麼溫柔，這對我來說是不夠的，我要自己赤裸著雙足走在那上面。」不論任何事，都要親自經歷才能體驗。

Question 48

許多人常覺得日子空洞無趣，因為他從來沒有活過，從來沒有愛過，從來沒有嚐過，從來沒有冒險過，從來沒有親身體驗過，他就只是坐在那裡想，坐在那裡看，就像光看菜單或食譜卻不品嚐。

生命不該只是聽別人經歷過的劇情，也該親身體驗屬於自己的生活情節，否則你的生命將非常空洞無趣。

結語

光是坐在游泳池邊，腳趾頭泡水，是學不會游泳的。

問題四十九

◎你會因為有一群蒼蠅都光臨某家餐廳，就認為這家餐廳很值得去嗎？

回答：

當然不會。

可是有時自己不也這樣，聽到現在大家流行什麼，不管是穿著、髮型或手機，就有樣學樣；聽到很多人到哪個景點旅遊，看哪個節目，吃什麼食品，念哪個科系，就一窩蜂跟著；聽最多人投資哪檔基金、債券或股票，也

Question 49

迫不及待跟進……就好像只要有很多人去做的，去做就準不會錯。

人們常以為成串的香蕉不會被剝皮，只有單根香蕉才會被剝皮，卻沒想到香蕉成串正好一起被剝皮。

共同基金的「共同」不代表基金特別安全，鐵達尼號不就代表一群人「共同」的假期嗎？

結語

如果有很多人都走同一條路，那條路就算能走，肯定也很擁擠。

問題五十

◎如果有個人高燒不退，你會想辦法幫他退燒，還是跟他一起發燒？

回答：

當然是幫他退燒。

可是當有人對你生氣，你就跟著生氣；人家火氣很大，你也跟著火冒三丈……這不是別人腦袋在發燒，你也會跟著發燒嗎？

小芬和小文在學校吵架……

Question 50

小芬：「你是瘋狗！」

小文：「哼！你才是瘋狗咧！」

看不下去的老師說話了：「既然都是瘋狗，就該互相照顧。」

別人瘋了，如果你也有樣學樣，那只代表你跟他一樣。你等於把自己貶低到和他同樣的水平，而對方的行為是你一開始就不以為然的。如果你屈服於自己的敵意，受辱罵你的人脾氣與情緒的感染，步上他們的後塵，那你跟他不是變成同樣的人嗎？

瘋狗會亂咬人，但人不會去咬狗，除非人也跟著瘋了！

結語

絕不要跟一個瘋子爭鬥，因為別人無法看出你們有何差別。

問題五十一

◎如果你昨天剛中了一億元樂透彩金，今天早上你出門的時候，發現摩托車被偷走了，你會很介意嗎？

回答：

當然不會。

因為相較於你擁有的鉅額彩金，掉了摩托車根本不算什麼；反之，如果你沒什麼錢，那掉了一台摩托車可就非同小可。

Question 51

人的氣度也是這樣，如果你心胸夠寬大，別人犯了錯事，你不會當一回事。而如果你遇到一點小問題、小麻煩，就抱怨、憤怒，甚至大發雷霆，那就表示你氣度和胸襟都太小。

佛陀說：「人們可以向河裡丟一根正在燃燒的火把，在火把到達河裡前它都會繼續燃燒。當火把一掉入河中，它就熄滅了，因為河水冷卻了它。我已變成一條河流，你將難聽的話朝我丟來，在你丟出之時它們是火焰，但那個火焰在我的冷靜中熄滅了，不再有殺傷力。」

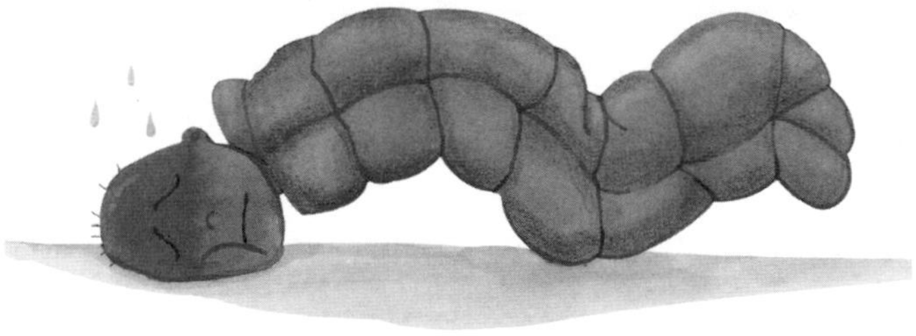

一條寬大的河，你丟一包鹽巴進去，很快就會被稀釋，不會受到影響。

反之，如果你把鹽倒進一小杯水裡，這杯水就難以下嚥。受到羞辱責難時，有些人為什麼嚥不下那口氣，那是因為內心太狹隘了，一個器量夠大的人，就不會跟他們一般見識。

結語

一個器量夠大的人，心眼就不會那麼小。

Question 52

問題五十二

◎如果有個門上寫著「拉」，而你卻一直「推」，門會開嗎？

回答：

當然不會開。

可是有很多人卻重複做這樣的事。比方，對小孩要求嚴格，不見成效，於是就更加嚴厲；為別人做某些事，人家不領情，於是做得更賣力；很努力用功，卻沒看到成果，於是更加倍用功……

你是否曾想扭下螺絲釘時將它往順時鐘方向轉，忘了反時鐘才是對的，你會怎麼辦？你會認為只要更加用力就有用嗎？

當然沒用，只因你在做一件錯的事，再努力也不可能把事情做對。

引自管理大師彼得杜拉克（Peter Drucker）的話，「**你應該於做對的事，而不是努力把事情做對**。」也就是說，有一個比「我是否該更努力做這件事」更重要的問題是「我是否該這麼做」。

要用拉的門，你卻一直推，即使再努力門也不會開。

結語

如果你老用同樣的方法做事，你就會老是得到同樣的結果。

Question 53

問題五十三

◎為了想讓蛹少受點苦，早點掙脫出繭，你可以幫牠破繭嗎？

回答：

當然不行，那不是幫牠，而是害牠。

可是，有很多人都那麼做，尤其是做父母親的，常把孩子照顧得無微不置，以致喪失生活自理能力；有很多疾病，像小感冒、發燒或痲疹等都是對兒童身體的考驗，可以強化免疫系統，然而父母為了幫孩子早日康復，動不動就讓孩子打針吃藥，如此抵抗力當然越來越差；還有遇到一點困難就伸出援手，結果日後孩子經不起一點壓力和挫折就被打敗了。

我們不能給毛毛蟲黏上一對翅膀就要牠成為一隻蝴蝶。對於需要靠自己力量轉變的事物，旁人的幫助只會害他變得更依賴、更軟弱，我們的幫助反而是成長最大的阻礙。

所以，下回當你想幫助別人時，應該問自己一個根本的問題——「為什麼他會受這個苦？他的痛苦能讓他獲得或失去什麼嗎？」

受傷，可以學習堅強；受騙，可以學習聰明；受困，可以磨鍊心智；受苦，可以快速成

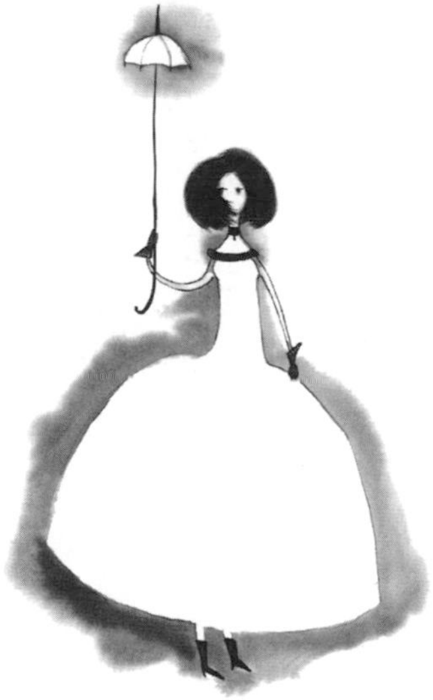

Question 53

長。

就像毛毛蟲在蛻變成蝴蝶之前，必須靠自己突破封閉的繭。然後等牠破繭而出，才能成為展翅飛舞的蝴蝶。人也一樣，想「破繭而出」別人是不能代勞的。

結語

如果你一直提供人拐杖，他將會終生殘廢。

問題五十四

◎有兩個人，一個身無分文和一個擁有數千萬資產的人，兩人都成了億萬富翁，誰厲害？

回答：

當然是身無分文的厲害。

一個讀很差的學校，一個是讀名校，結果兩個同分考上第一志願，誰厲害？

Question 54

一個出身卑下，一個家世顯赫，結果兩個獲得一樣成就，誰厲害？

很顯然是前者，對嗎？

雅典將軍伊菲克拉斯特出生於貧苦的鞋匠家庭。阿莫迪斯是雅典的功臣，曾在西元前五一四年擊敗海皮亞斯暴君，因此受人敬重，其子孫後代也都享有一定的特權。阿莫迪斯的一個後裔嘲笑伊菲克拉斯特是鞋匠的兒子。

將軍回敬道：「你說對了，我們是不一樣的。我們之間的不同在於，我們家族從我開始振興，而你們家族從你開始衰亡。」

所以沒有必要因為自己出身背景差，學歷較低，讀的學校較爛，父母的工作卑下，家境不好或家裡窮，而覺得自卑或矮人一截。因為重要的不是你的出發點，而是你到達的地點。

不管你現在在哪一個位置上，或是從哪一個地點出發，都可以到達任何你想去的地方。因為地球是圓的，所有的地點都在圓周上，而從圓周上的任一點都可以到達圓心；所以，儘管朝你想去的地方邁進，別顧慮你的出發點。

結語

重要的不是你的出發點，而是你到達的地點。

Question 55

問題五十五

◎你知道有什麼方法可以找到心目中的白馬王子嗎？

回答：

答案是：在找到之前，先親許多青蛙。

第一次就「愛對人」是不容易的。你可以問一些比你大的長輩，他們結婚對象是不是第一個男女朋友。很少，對不對？所以在決定進入婚姻之前，每個人都應該先到處看看。

第一次就「找對工作」也很不容易。所以在找到理想工作之前，什麼都可以做做看。隨便找一個總比什麼都不做好。只有不斷的嘗試，你的下一個工作才會更接近你的理想。

第一次就「成交生意」也少之又少，所以如果你想成交，就要不斷的去按門鈴。按十次門鈴的成功機率，是按一次的十倍；如果你繼續按二十個客戶的門鈴，成功的機會又會加倍。

大部分人不成功的主要原因，就在於他們太害怕失敗，所以才失敗。

Question 55

然而失敗為成功之母，如果避開失敗，也就避開了成功。
要找到心目中的白馬王子，別忘了，先親一堆青蛙。

結語

這世上根本沒有所謂的失敗，除非你放棄再試一次。

問題五十六

◎如果你急著想要一個孩子，你可以讓九個女人懷孕一個月後，生一個小孩嗎？

回答：

當然不可能。

很多事是急不來的。比方，我們都想幾天內學好英語，吃幾天藥就治好痼疾，節食幾餐就變苗條，運動幾天就變強壯，才談過一次就化解爭端，才

Question 56

努力幾天就獲得豐碩成果，才投資一次就想發大財……但這可能嗎？

有個年輕人到書店去買書，他問店員：「你們這裡有沒有賣一本叫做《一週致富》的書？」

「有的。我們還有一本相關參考書，不知道你有沒有興趣？」

「什麼書？」

「那本書叫做《刑法入門》。」

急不來的事，就是「急不來」。就算你想要孩子想瘋了，也不可能讓九個女人懷孕一個月，就生下一個小孩，對嗎？

結語

殺雞取卵，當心到頭來一場空。

問題五十七

◎有五隻青蛙站在橋上，其中有四隻決定跳到河裡，請問還有幾隻留在橋上？

回答：

可能有一隻、二隻、三隻、四隻或五隻，誰知道，因為即使下了決定，會不會真的付出行動還是未知數。

人們喜歡高談闊論，要做這個，做那個，可是卻光說不練。說什麼，明天要開始早起運動，卻在深更半夜還捨不得關掉電視；說什麼，有時間一定要去完成某件事，然而卻在下雨的週末不知道要做些什麼事……

Question 57

有一個人來到醫院詢問哪裡有眼耳科的醫生。

「沒有這樣的科！」護士對他說：「你如果耳朵有問題，就看耳鼻喉科醫生；眼睛有問題，就看眼科醫生。」

「但我的問題非得由眼耳科的醫生看不可！」那人說。

「你的問題是什麼？」護士問。

「我聽的和看到的經常都不一樣。」

人總是說一套，做一套。所以，托爾斯泰曾一再提醒：「不要相信自己或他人的言語，要相信的是行為。」

你要注意的是人家做什麼，而非人家說什麼。如果有人說要請你吃飯，你東西都收好，打扮好，但他卻什麼也不動，你認為是「說真的」嗎？

同樣的，當你說了什麼，也注意一下自己做了什麼。「畫完大餅」，別忘了，就要開始「揉麵團」。

結語

從「知道」到「做到」有一段距離，因為人們總是說得到，卻做不到。

Question 58

問題五十八

◎當你看到孔雀開屏的時候，你會注意漂亮的羽毛，還是一直看牠的屁眼？

回答：

你一定會說，當然是看羽毛，誰會去看屁眼！

可是相似的情節卻一再出現。整個臉都平整無瑕，我們不會注意，但對剛冒出來的痘子卻很在意；幾科考試都不錯，但最在意的卻是考差的那一科；幾個孩子都十分關心，但最在意的卻是不關心那個；整天做事都很順利，但只有一件事搞砸了，整個心情就破壞；……這不是光看屁眼，卻忘了欣賞漂亮的羽毛嗎？

俄國作家杜斯妥也夫斯基說得對，「人喜歡計算自己碰到多少煩惱，卻不計算擁有多少喜悅。如果他動手去算，他會發現上天已經給每個人足夠的幸福。」

在我們的生活當中，約有九

Question 58

成的事都是是好的，只有一些事是不好的。如果你想讓自己過得幸福快樂，就應該把注意的焦點放在九成的好事上，而不是那一成的壞事上。

那些不如意的事情，都只是你人生的一小部分，千萬不要讓它變成人生的全部。

結語

不要光顧著撿雞糞，卻把雞蛋給忘掉了。

問題五十九

◎如果你腳被石頭壓到受傷，你會用力踹石頭洩忿嗎？

回答：

你一定說，我才不會那麼笨！

可是自己可能就做這樣的事。比方，你討厭某個人，然後你在心裡或背後咒罵他，你認為你是在罵他嗎？他根本就不知道，你其實是在罵你自己；你很氣某人，你不想讓他好過，但是當你讓他「難過」的時候，你自己有好

Question 59

過嗎？

你用力踹石頭洩忿，但真正會痛的人是誰？是你，對嗎？

所以，美國教育家布克・華盛頓說：「我絕不會讓別人拖垮到讓我憎恨他。」他非常了解，憎恨別人就是憎恨自己。

有位中年男士做在酒吧間獨自一人喝悶酒。

另一位酒友問道：「怎麼了？心中不痛快？」

中年男子說：「上個月我和岳母吵了一架，她一氣之下，搬回去住了。」

酒友說道：「你岳母搬走了，是喜事一件啊！」

「是啊！」中年男士痛苦地說：「可是她今天打電話給我，說她已經不生我的氣了。」

沒錯，唯有讓自己活得更好，才是最好的報復。

結語

當你饒了別人，你會失去什麼？
你會失去的唯一東西就是痛苦而已。
饒了別人就是饒了自己。

Question 60

問題六十

◎有個人打鼾很大聲，還把自己吵醒，所以他決定換個房間睡，你認為這樣有用嗎？

回答：

當然沒用。

換房間能治好打鼾嗎？如果你是不快樂的，你認為只要換個環境、換個工作、換掉另一半，你就會快樂嗎？不！因為不快樂並不是在你的外在環境，它是在你的內心裡面。

聽說有一個人去找心理分析師，他說：「我遇到很大的問題，我在睡覺的時候打鼾打得很大聲，大聲到把我自己吵醒，這種情況在晚上發生過很多次，有什麼治療的方法嗎？」

那個心理分析師說：「這不難，只要做一件事就可以改變這整個情況，你只要睡在另一個房間就可以了。」

Question 60

了解了嗎？這就是每個人在做的，大家都只會換房間。但是如果你在客廳不快樂，換到餐廳也不會快樂；在家裡不快樂，到外面也不會快樂——你無法逃離自己，不是嗎？不管你到了哪裡，你永遠都會和自己在一起。

如果你不去改變自己，那麼你到哪裡都一樣，你將繼續創造同樣的問題。

結語

如果你生病，沒有胃口，那麼即使換再好的菜色也無法創造出好的胃口。

問題六十一

◎如果小偷偷走你的車子，你會記下小偷的長相，還是車牌號碼？

回答：

當然是記小偷的長相，自己的車牌還不知道嗎？早該知道的。

可是有很多人就是這樣，總是對先生、太太、孩子的錯誤記得一清二楚，卻不去了解錯在哪裡，以及為什麼會發生這樣的錯？要記錯不難，尤其是親人，因為每天都在一起，很容易發現錯誤，但是如果不深入了解問題，

Question 61

問題一定還在。

小明夫妻去逛街，他們就把車子停在路邊……

等他們買完東西回來的時候卻發現偷兒正開走他們的車子，他們追了一會，但是車子還是被小偷開走了。

小明：「真糟糕！小偷長的什麼樣子都沒看清楚。」

老婆：「沒關係！我已經記下他的車牌號碼……」

光記錯誤，不去了解問題所在，就像車子被偷，光記自己的車牌號碼，卻沒注意小偷長相，有什麼用？

結語

要注意問題，而不是注意錯誤；要指出問題，而不是指責錯誤。

問題六十二

◎假如你已經知道自己的「死期」，你還會喜歡過生日嗎？

回答：

當然不會！因為每過一個生日就更接近死期，誰還有心情慶生？

所以有些事不知道是好的。生命是不可預期的，正因為不可預期，所以充滿著期待。就像看棒球賽，誰都不曉得下一秒鐘情況會變成如何，而它吸引迷人之處也就在這裡，因為其中會有安打的喜悅，有觸殺的刺激，有全壘

Question 62

打的興奮，有三振的懊惱，更有緊張萬分的賽程……

人們常說：「早知道就好……」，那是不對的。試想，假如你與某人交往，而你早知道在十年後你們會分手，那你還會跟他交往嗎？假如你懷孕，且知道這個孩子將在二十歲那年死掉，你還會生下他嗎？假如有人找你去看電影，而你已經知道所有的劇情，你還會想去看嗎？

其實，我們一出生就被判了死刑，只是我們不知道會在那一天以什麼方式，而也就是這種「無知」，才讓我們對生命充滿著希望和期待，不是嗎？

結語

假如人生還沒開始，你就知道結局，那又何必來這一遭？

問題六十三

◎你的親友到你家作客，你會把一些過期食品，或是隔幾夜的飯菜，都拿出來請他們吃嗎？

回答：

當然不會。

可是有時自己或許就會做類似的事。像對一些受過的委屈、曾被人傷害過的事以及一些「陳年舊帳」，常念念不忘；尤其是遇到親友，更是一提再

Question 63

提，這不是把難吃的舊菜，拿出來一再加熱，還請大家吃嗎？

過去的事情已經過去，當下要過什麼樣的人生，要怎麼活是我們自己可以決定，那些早已過了「追訴期」的「過期食品」，為什麼不早點倒掉？

結語

逝者如斯，何不讓過去的事，就成為過去！

問題六十四

◎如果有人不斷在河裡倒垃圾，卻期望河水會變乾淨，有可能嗎？

回答：

這怎麼可能！

可是有很多人就是這樣，老愛責罵孩子笨，卻期望孩子會變聰明；老愛說配偶、部屬沒用，卻希望他們會變有用；習慣對人用負面的批評，卻期望見到正面的行為；老愛給人負面的評價，卻期望得到正面的回應……

Question 64

說一則故事。大烏龜和小烏龜在一起喝可樂。大烏龜喝完自己的一份後，就對小烏龜說：「你去外面幫我拿一下可樂。」

小烏龜剛走幾步，就不走了，回頭說：「我知道你想支我出去，然後把我可樂喝掉！」

「這怎麼可能！你是在幫助我啊！」

經大烏龜一再保證，小烏龜同意了。

一個小時過去了，大烏龜耐心等待著……

兩個小時過去了，小烏龜還沒有回來……

三個小時過去了，小烏龜仍然未見蹤影……

大烏龜想：「小烏龜肯定不會回來了。牠一個人在外面喝可樂，怎麼會回來呢？我乾脆把牠這一份喝了！」

大烏龜拿起可樂，剛要喝，門砰然而開。

「住手！」

小烏龜就像從天而降，站在大烏龜面前，氣衝衝地說：「我早就知道你要喝我的可樂。」

「你怎麼會知道呢？」大烏龜尷尬而不解地問。

「哼！」小烏龜氣憤地說：「我在門外已經站了三個小時了！」

如果你一直懷疑別人，卻期待別人能讓你信任，這可能嗎？你愈否定別人，別人就只會表現愈差，這是一定的。你不斷在河裡倒垃圾，河水又怎麼可能變乾淨呢？

結語

要讓一個人變好有兩個秘訣：

第一，你必須讓他以為自己很好。

第二，就是讓他真的變得很好。

Question 65

問題六十五

◎如果你可以輕易就跳五公尺遠，現在有個同樣長度的斷崖，你可以跳過嗎？

回答：

不行，因為太恐怖了。

如果你在地板上放一塊木板，然後在上面行走，你會發現那是很容易的事。現在，把木板拉高到二十層樓高，那就會變得很難。其實，不論板子是在地面上或離地二十層樓，走過去的過程都一樣，為什麼會變難？沒錯，因為「恐懼」。

當你站在二十層樓高，看到眼前腳下的木板時，腦袋裡一定同時擁進千百個念頭：我絕對做不到、太高了、木板太窄了、我沒辦法保持平衡、我可能會掉下去、真是瘋了、我鐵定完蛋……。這就是心理學上說的「自我恐嚇」。

跟十個人說話和跟一千個人說話過程是一樣，但如果要面對一千人為什麼會腿軟？跟大人物講話和跟小人物講話過程也是一樣，但面對大人物時為什麼會如此緊張害怕？因為想像的恐懼早已打敗自己，對嗎？

我們每個人內心都有一個魔鬼，那就是自己，要克服恐懼就必須去面對自己，因為我們都是自己嚇自己。

結語

你怕什麼，就去做什麼，到最後也就沒什麼好怕了。

Question 66

問題六十六

◎十元一份的報紙突然漲了五元，和一雙一千元的鞋子漲了五元，你覺得哪個漲比較多？

回答：

當然是報紙漲比較多。

同樣的情形，當陌生人給你一點關懷，你往往會感覺他對你真好。而親人給你同樣的關懷，你可能都視若無睹或沒有感覺。

你的父母、妻子或先生一直付出，你總覺得理所當然，所以就算他們為你多做些什麼，就像一千元的鞋子漲個五元，你也不會覺得有什麼；但是外人為你做出類似行為，就像十元一份的報紙突然漲了五元，你就會感受深刻，那就是為什麼人們常會感謝別人，卻很少人對親人有同樣的感恩。

在黑暗的房間，只要點亮一支燭光，就會讓人感覺燈火通明，但是如果那個房間本來就已經燈火通明，那即使你多點幾支燭光，也不會有太多的感覺。

在飢寒交迫的時候，只要有一顆饅頭，就能讓人覺得幸福和感激；但是如果吃飽撐著，那即使給你再多的饅頭，也不會有什麼感覺；當我們窮的時候，有泡麵可以吃，就覺得很幸福了，但當我們有錢之後，即使吃什錦麵也覺得沒什麼。

Question 66

是的，當你錢越多，那些錢的價值就越少；當你口味越重，那些東西的口感就越差；當你擁有越多什麼，你就越覺得沒有什麼。就像一千元的鞋子漲了五元，甚至漲了五十元，你也不太會有什麼感覺。一個擁有上億元的人，得到百萬元，他的快樂可能還不及一個得到一萬元的工讀生。

結語

擁有越多，快樂越少；
付出越多，感恩越少。

問題六十七

◎如果你買一瓶酒回來，喝了幾口，發現實在太烈、太難喝了，你會因為不甘白花了錢，就忍耐把它喝光嗎？

回答：

你一定會說，我才不會那麼笨！

可是，類似的情況卻一再發生。有很多人明知投資是錯的，卻不肯認賠殺出；明知貌合神離，相怨多過相愛，卻不願分手；點到難吃的餐飲，還忍耐把它吃光；選錯了行業，卻捨不得離開……為什麼？

說穿了，其實就是不甘心。

如果公車平常是二十分鐘一班，當花在等待的時間超過十分鐘後，一般人通常會繼續等下去（既然已經等那麼多時間了），等到超過二十分鐘，假如公車還不來時，可能就會開始後悔（早知道在十分鐘前就用走路或坐計程車），但通常還會繼續等下去，結果就越陷越深，不可自拔……。

Question 67

有個人離家遠遊，抵達一個小鎮。經過長途跋涉，他覺得很渴。他走到一座廣場，看到許多攤販在賣東西，其中有一個小販，在賣許多又紅又新鮮的水果。

「這些罕見的水果看起來好像很好吃，」於是他走到小販面前：「請幫我挑一袋。」小販沒說話，收下他銅板，裝了一袋紅果子給他。

那個人很高興，他在路邊坐下，開始吃水果。但是他才咬了一口，嘴巴就像吞下火球一般，產生灼熱的感覺。眼淚沿著面頰流下，他的臉脹紅了，幾乎無法呼吸，但他繼續把籃子裡的水果塞進嘴裡。

一個村民路過，好奇地問：「先生，你在做什麼？」

「我以為這種果子很好吃，」他喘著氣說：「所以我買了很多。」

「這是紅辣椒，」村民說：「這樣吃不是很痛苦嗎？」

「是，」他說，又把一根辣椒塞進嘴裡：「可是我停不下來，我得全部

吃完才行。」
「你真是個頑固的傻瓜！」村民說：「知道是辣椒了，為什麼還吃個不停？」
「我吃的不是辣椒，」他說：「是我的錢。」
了解了嗎？無論是金錢、事業、感情，一旦人們在上面投資時間與精力後，就很難放下，因為不甘心。

結語

人只想要抓住，卻很少去想抓住後會損失什麼。
你沒發現嗎？有時就是因為不甘心，才讓你更痛心、更傷心。

問題六十八

◎昨天你看到某個人臉上有污點，而今天他臉已經洗乾淨，你還會說他臉髒嗎？

回答：

當然不會。

可是有時自己就做類似的事。昨天有人給你壞臉色，今天你看到那個人的時候，你還擺個臭臉；有人以前曾犯個錯，你現在還會一再提起；有人曾

Question 68

經對不起你，事隔多年後，你還在翻舊帳……或許他很後悔，或許他已經變了，或許他的臉已經洗乾淨，但你還看到污點，請問這污點在哪裡？

這污點已經不在那個人的臉上，而是在你的心裡，不是嗎？

結語

如果你眼鏡是髒的，你看到的人也會是髒的。

問題六十九

◎如果你家路口有一個交通警告標誌，你會因為那裡沒發生任何意外，就認為標誌是多餘的嗎？

回答：

當然不會，因為拿掉之後，人很可能因疏忽而造成意外。

可是當父母師長擔心我們，怕我們疏忽而一再提醒警告時，我們不也常認為他們很囉唆，甚至覺得不耐煩，「他們想太多了，才不會發生那種

Question 69

事」、「以前不都沒事，大家這樣做不也好好的」……就好像沒有發生意外，所有的擔心顧慮都是「多餘的」。

在半山腰的一個村莊裡，一個遊客對他的嚮導說：「這個懸崖似乎非常險峻，奇怪，為什麼沒有人設個警告的牌子呢？」

「他們曾經放過一個牌子有兩年之久，」當地的嚮導說，「但是都沒有人失足墜落下去過，所以他們就把牌子拿掉了。」

你該不會也認為那牌子是「多餘的」，而要拿掉吧！

結語

寧可多提醒幾次，也不要發生一次。

問題七十

◎如果你喜歡種樹，你會因為樹長的太茂盛，又把樹鋸掉嗎？

回答：

你一定會說，又不是頭殼壞掉。

可是自己很可能就做類似的事。比方，帶孩子去學才藝，結果學得太好，又怕他荒廢課業；讓孩子學畫畫、音樂、跳舞，結果孩子以後想當畫家、音樂家或舞蹈家，又大力勸阻；讓孩子去修禪、學佛，結果孩子決定要出家，又急又哭。

還有推薦朋友給人認識，又怕他們關係太好，反而讓自己變疏離；改造男女朋友，改造的太好，反過頭來挑剔自己不夠好……這不是喜歡種樹，又怕樹長的太茂盛嗎？

Question 70

有一個年輕的女孩愛上了一個男孩，她是一個天主教徒，而男孩子是猶太人。

女孩家人非常反對，「我們不允許。」他們說：「除非他先成為一個虔誠的天主教徒，然後再說……」

因此她就試著說服，男孩答應他的要求。他開始讀《聖經》，並且上教堂，他非常投入，女孩子覺得很高興，因為事情進展非常順利。每隔一個月，她會跟父母報告近況。

有一天她跑回家，又哭又泣的，父親問她說：「到底發生什麼事？」原來她去問那個男孩願不願意跟她結婚。但她告訴父親說：「可是，現在他想當天主教的修士，他不想結婚了。」

當我們做一件事，如果不願樂見結果太好，其實一開始就不該去執行。

結語

想在院子種樹，又怕樹太茂盛會影響地基，其實一開始就不該種。

Question 71

問題七十一

◎你會因為小孩哭鬧，就給他糖吃嗎？

回答：

當然不會，否則他下次想吃糖，就會哭鬧。

動物心理學有條基本原則，那就是受到獎勵的行為會持續下去；沒有得到獎勵的行為最後則會停止。只要猴子一拉槓桿就給牠食物，牠就會一直拉槓桿；即使偶爾不給食物，也是如此。假如完全不再餵食，假以時日牠就不拉槓桿。人也是如此，我們會持續做有回報的事情。

如果憤怒的回報是可以迴避問題，那麼下回當有人不想面對問題，就會生氣發飆；如果酒醉的回報是對所說的話和所做的事不必負責，那麼下回只要酒喝多了就可以我行我素；如果生病的回報是被關心照顧，那麼下回覺得欠缺關照，很可能就會生病；如果哭鬧就可以得到要的東西，那麼下回當他得不到想要的東西就會哭鬧。

結語

不要在哭鬧的時候給糖吃。

Question 72

問題七十二

◎如果你所愛的人即將離開人世，你會願意原諒他做錯的事嗎？

回答：

當然願意，甚至會原諒所有的錯。

可是現在你為什麼不願意？

我們對親近的人往往要求很多，責難也最多，那是因為他們一直都在身邊，假如你知道再也見不到你的伴侶、孩子、父母、兄弟姐妹，你還會為一些蒜皮小事斤斤計較嗎?你還會跟他們爭鬧或責備他們嗎?你還會堅持不肯原諒嗎?

人真的很怪，寧可給死人送花圈，卻捨不得給活人送一束花；寧可人走了才後悔沒對他好，也不願人還在的時候對他好……

難道活著，也是個錯嗎?

結語

對待人要如同你不會再見到他們，如此就能包容一切。

Question 73

問題七十三

◎如果一隻猴子去照鏡子，牠會看到什麼？

回答：

看到一隻猴子從鏡子裡看著牠。

如果你站在一間四面是鏡子的房間裡，不論你轉向哪一個方向，你都可以看見一個不同角度的自己。同樣地，你生活周遭的人會反射出你人格的不同面貌。

如果有一群人背著一個人在說悄悄話，被害感強烈的人就會覺得別人在說自己壞話，優越感強烈者則會覺得人是在誇獎他。人們會在無意中反映出自己內心深層的心理。

如果你懷疑別人，你也會懷疑自己；如果你懷疑自己，你也將很難信任別人。所謂：疑心生暗鬼。有了猜疑之心，別人一句平常的話，也會聽出「弦外之音」；與己無關的批評，也會「對號入座」；本來是微小的誤解，也可能發展成難以彌合的裂痕。

人際關係是一面鏡子，你可以從每個人身上看到自己。如果一隻猴子照鏡子，牠不會發現裡面有一個人，牠只會發現有一隻猴子在瞪著自己。

結語

別人只是一面鏡子，反照出你的模樣。

Question 74

問題七十四

◎排骨麵如果沒有排骨，還算是排骨麵嗎？

回答：

當然不能，排骨麵如果沒有排骨，那還吃個什麼？

可是許多人在追求人生的過程常發生類似的問題。比方，有人選擇繼續升學，唸碩士、博士，卻不知道以後要做什麼；有人交友廣闊，相識滿天下，卻沒有一個知心朋友；有人找合作對象，卻不知道哪些特質和條件才是自己需要的；有些父母只知道要讓孩子學東學西，卻不知道孩子的天賦和興趣是什麼；有人成天忙得不可開交，沒有重心，「不知為何辛苦，為誰忙？」

你或許可以得到想要的東西，但不可能得到想要的一切；因此，你必須很清楚知道自己到底「要什麼」？

哲學家海洛德（D. Herold）說：「**不快樂就是不知道自己到底要什麼，但卻強迫自己去追求**。」你每天都在忙什麼？你知道自己到底要什麼嗎？

一個不清楚自己要什麼的人，就不可能得到自己想要的。就像點了排骨麵，卻沒看到排骨一樣，那還能吃到什麼？

結語

不要只顧著爬梯子，要記得你要爬向哪裡。

Question 75

問題七十五

◎如果你帶隻狗出去散步，你所看到的風景，會因狗灑尿的地方不同而改變嗎？

回答：

當然不會，那不是被狗牽著走嗎？

可是有時自己不是也這樣，對別人很客氣，卻因為別人態度不好，而改變自己的態度；原本心情愉快，卻因別人不善的言詞而心情不快；想為別人做些事情時，卻因別人不佳的態度而改變初衷；甚至決定以其人之道，還治其人之身。

有人會說：「那是因為他這樣，所以我才那樣。」、「如果他這樣對我，我何必對他太好」，乍聽起來好像蠻有「主見」，但是如果我們因別人的態度，而改變自己的行為，不是被別人牽著鼻子走嗎？

一個有主見的人是根據自己在做事，而不是跟隨別人而反應。如果某人能使你客氣或不客氣；可以讓你快樂或不快樂，那你就不是一個主人，你只是一個奴隸；如果你看到的風景，會因狗灑尿的地方不同而改變，那狗才是真正的主人，不是嗎？

結語

你不能當情緒主人，你會變成情緒的奴隸。

Question 76

問題七十六

◎你認為自己的生命無限，所以最想做的事，應該無限延期？

回答：

傻瓜才會這麼認為。

然而我們卻常說，等到孩子都長大了，我要去環遊世界；等到我有錢，我要回報父母；等到退休以後，我要去做想做的事……我們習慣將想做的事延後，卻沒想到生命無常。

墳墓裡埋葬有太多原本想去做，卻來不及去做的事。

所以，不要再等以後了！只要想做的事，現在就去做，千萬不要等到太遲了，才後悔不已。

結語

當生命走到黃昏，會讓你懊悔、遺憾的，不是做了的事，而是想做卻沒做的事。

Question 77

問題七十七

◎如果每天都出現彩虹，你看到了，還會覺得驚喜和珍惜嗎？

回答：

不會，如果彩虹每天都出現，那就沒什麼稀奇。

不論什麼，人一旦習慣，就失去珍愛之心。比方空氣和水，因為不虞匱乏，所以很少人會稀罕和珍惜；每天都出現太陽，大家已經很習慣了，所以看到燦爛的陽光或落日餘暉也覺得沒什麼。

一個美好的東西，在第一次獲得時，往往會引起最強烈的滿足與悸動；可是一旦他的出現變成了可以預期的平常，大家就會變得習慣甚至無視它的存在。在談戀愛之初，哪怕是對方一通電話、一個邀約，一句問候，都會雀躍不已。然而，一旦關係確立之後，所做的一切都變得「理所當然」。

熟悉會使人產生輕蔑感，我們對越是親近的人，越容易忽略他們的感受與需要；就像高掛天際半個小時的彩虹，就很少人會去注意。

Question 77

這一陣子你有沒有忽略一些人?有沒有常關懷問候父母?有沒有和朋友聚聚?有沒有帶兒女出去玩?有沒有向另一半表達愛意?

愛要從自己最身邊的人做起。越常在一起的人,太習以為常,反而最容易忽略。

結語

不要把親人對我們的付出看作理所當然。